CÂMERA LENTA

MARÍLIA GARCIA

Câmera lenta

3ª reimpressão

Copyright © 2017 by Marília Garcia

Grafia atualizada segundo o Acordo Ortográfico da Língua Portuguesa de 1990, que entrou em vigor no Brasil em 2009.

A autora agradece ao prêmio Icatu de Artes, que lhe concedeu uma residência na Cité Internationale des Arts, em Paris, onde finalizou este livro.

Capa
Kiko Farkas/ Máquina Estúdio

Preparação
Silvia Massimini Felix

Revisão
Marise Leal
Huendel Viana

Dados Internacionais de Catalogação na Publicação (CIP)
(Câmara Brasileira do Livro, SP, Brasil)

Garcia, Marília
 Câmera lenta / Marília Garcia. — 1ª ed. — São Paulo : Companhia das Letras, 2017.

ISBN 978-85-359-2955-3

1. Poesia brasileira I. Título.

17-05522 CDD-869.1

Índice para catálogo sistemático:
1. Poesia : Literatura brasileira 869.1

[2021]
Todos os direitos desta edição reservados à
EDITORA SCHWARCZ S.A.
Rua Bandeira Paulista, 702, cj. 32
04532-002 — São Paulo — SP
Telefone: (11) 3707-3500
www.companhiadasletras.com.br
www.blogdacompanhia.com.br
facebook.com/companhiadasletras
instagram.com/companhiadasletras
twitter.com/cialetras

Sumário

hola, spleen, 9

1.
uma linha que não fecha, 17
pelos grandes bulevares, 19
uma equação no hyde park, 21
é uma *love story* e é sobre um acidente, 25
estereofonia, 30
em loop, a fala do soldado, 32
antes do encontro, 33
bzzz, 36
noite americana, 38

pausa
tem país na paisagem? (versão compacta), 43

2.
plano b, 51
capítulo II, por intermédio do naturalista, 53
um quadrado que cega, 55
descreva: longilínea, 57
descreva: parede, 59

de cima,   61
terremoto,   63
diferenças,   65
aqui começa o loop,   67

epílogo
estrelas descem à terra (do que falamos quando falamos de uma hélice),   73

CÂMERA LENTA

hola, spleen

um dia
ela me disse
"hola, spleen"
e eu demorei mas depois
percebi que era uma
frase sobre
o *tempo*.

talvez
um jeito de dar
as boas-vindas,
mas a gente nunca sabe
o que vem depois.
um dia quis ler em voz alta
um poema chamado
"hola, spleen",
mas quando chegou a hora
fiquei muito muito gripada,
e o que foi pior
o que me impediu de ler
foi que fiquei
sem voz.

se tivesse gravado
o poema antes,

podia *ligar a voz*
e tocar em vez de ler,
mas eu não tinha
uma voz gravada
e não havia como produzir
voz.

então, combinei
que faria a leitura outro dia
e ainda faltava um mês
para chegar a leitura que vou chamar
aqui de *caixa-preta*
e eu não tinha ideia
de como eu estaria no dia da *caixa-preta*
e pensei que se este mês
seguisse o ritmo acelerado
e catastrófico deste e do último ano
tanta coisa já teria
acontecido hoje,
que me dava medo
imaginar.

assim,
esta voz que fala aqui
é a voz de uma marília de um mês atrás
é a *minha voz* falando a partir do passado,
é a minha voz,
mas sem controle.

há um mês eu não tinha
como prever nada
e fiquei me
perguntando:
— como fazer para essas palavras escritas
há um mês dizerem algo
sobre estar aqui
agora?
e eu não soube responder.
então, fiquei me perguntando
se hoje estaria chovendo
ou fazendo sol,
se faria frio ou não,
e se haveria poeira no ar.
eu sempre me surpreendo
com a poeira que turva a vista:
de repente no meio do dia
uma poeira que se ergue,
uma nuvem
de poeira,
pode ser a poeira vinda das coisas quebradas
todos os dias na vida das pessoas
e eu fiquei pensando
se estaria muito seco nesse dia ou não
e pensei que talvez a gente pudesse
fazer silêncio
e deixar a escuta aberta
para ouvir.

talvez a gente pudesse fazer silêncio
e de repente neste silêncio
acontecer de *ouvir algo por detrás*
dos ruídos das máquinas voadoras que
cruzam o céu.

talvez não desse para ouvir as máquinas voadoras
neste dia,
foi o que pensei,
mas eu me enganei
porque hoje
desde cedo
os helicópteros estão voando.

— vocês estão ouvindo?
um som infernal
estrelas caindo do céu
em cima da cabeça
com as pontas viradas
para baixo.
o som está cada vez mais perto,
posso encostar a mão
se me viro vejo a sombra
em câmera lenta
sobre a cabeça.

imaginem que isso aqui é um quadrado
com *drones* volantes,
ou uma cena congelada
com o céu cheio de zepelins,

mas o som é um só:
barulho de máquinas
voadoras
pelo céu.

se a gente prestar atenção e fizer silêncio
— se a gente prestar atenção e fizer
silêncio —
pode ser que ouça
alguma mensagem
perdida no ar.

1.

uma linha que não fecha

aqui o rio é verde, tem o mesmo tom do
gradil da ponte. um dia você
disse que a única coisa verde
dessa cidade
era o rio.
    o resto,
        disse,
            só galho seco.

o resto não apaga, pensei,
e hoje quando cruzei a ponte
lembrei da sua voz
na gravação:
— *é uma linha que nunca se fecha.*
os anos vão passando
e a gente em cidades
diferentes —
quando vi o rio passando
lembrei dessa linha e do dia em que
nos conhecemos.

você sabe o que se diz para alguém
no primeiro encontro? ele me disse:
— *sabia que nessa cidade*

quando chega o inverno
a grama entra em repouso?

eu poderia ter dito
— *quer ver na ilha em frente*
os emus australianos?
mas não disse nada, fiquei
muda olhando a grama em repouso.

ele usava 24 tons de verde
para desenhar, só não via do lado
de fora. quando lembro
dele, não penso no verde das telas.
só penso no *buraco:*
— *como se apaga um buraco?*

hoje quando fecho os olhos
penso naquela linha que não fecha
e no primeiro dia, quando ele
disse:
    — *você ainda vai me ver três vezes*
antes do fim. fique atenta
aos sinais.

pelos grandes bulevares

[*do lado de dentro*]

o que ela vê quando fecha
os olhos? linhas sinuosas, um mapa
feito à mão, parece uma pista vista de cima —
os campos cortados ou poderia ser
uma sombra riscando o verde quando passa
lá no alto.
             o que ela vê quando
olha em linha reta tentando
descrever
             a garota que conheceu no café?
a transformada de
wavelets ou um peixe-lua-
-circular em uma região abissal.
não é nada abissal
estar nesta superfície,
você quis dizer *de vidro*? *esférico*?
ou um animal marinho em miniatura:
um polvo de 1 mm?
                o cinema é 24 vezes
a verdade por segundo. este segundo
poderia ser 24 vezes a cara dela
quando fecha os olhos e vê.

[*de fora*]

não é por falta de repetição, mas não
encontrava a palavra exata.
o que ela vê não sabe e tudo fica tremido
se *fast forward*.
agora fecha os olhos para
entender, para ir mais
devagar.
    *não se perde alguém por duas
vezes*, era o que achava
mas a essa altura chego no mesmo terminal
duas semanas depois e a cena se
repete.
— *você está tendo um problema
de realidade*, ele cochichou.
— qual é o desastre desta vez?

o que ela vê ao abrir a
claraboia? ao bater aquela foto da
ponte ou quando lê
a legenda:
    "nos abismos a vida é submetida
ao frio, escuridão, pressão.
oito mil metros de profundidade"
uma montanha
ao contrário.

uma equação no hyde park

está chovendo no
hyde park hoje
e estou do outro
lado do hemisfério
sentada ao sol
com um gato
entre meus pés
que estão descalços
e levemente
avermelhados.

está chovendo no
hyde park hoje
e lembro de ter
andado num parque
de ângulos quadrados
com o menino da caixa
preta que tinha uma foto
de uma floresta nórdica
virada de ponta-cabeça na
parede do seu quarto
e que gostava de contar
até 24 depois de cruzar
o gradil.

a gente andava
no meio-fio e sentava
no parque e depois deitava e o
roupão preto felpudo
já na sua casa
e o *roommate* chamado
steve que amava
uma japonesa.

está chovendo no
hyde park hoje e não sei
o que dizer para ele
que agora está sentado
algumas mesas à frente
e que dentro de um filme
seria *alguém que diz sim*
mas não estou dentro de um
filme — ouço a voz em eco
no buraco do real —
e me refaço pensando
que podia contar a ele
que o gps funcionou
e indicou o ponto de encontro
mas a mensagem
só chegou depois.

está chovendo no
hyde park hoje
e podia contar que meu
coração tinha sido arrancado

pela boca e que estava
esquecido sobre uma pedra
com o sangue
ainda quente.

sim, está chovendo
no hyde park
e ao inferno
já desceram
um ou dois
ou
três
mas ele
há de subir
atravessando as curvas,
o belvedere, os espaços dirigíveis
"ogni speranza lasciate
voi che entrate"
— *há mundo por vir?*
ele pergunta antes de passar
e leva na mão
um gravador
e nós cruzamos o olhar
— só por um segundo —
e não lembro mais
desse dia
mas depois o
mesmo olhar
volta à memória
como a interferência

de uma voz saindo
do carro em movimento
pela ladeira.

está chovendo no
hyde park e aquele par
de olhos encontra os meus,
e esse cruzamento
de olhares me distrai
por um momento
da equação.

é uma *love story* e é sobre um acidente

primeiro, a cena congelada.
um dedo pousa no vidro,
a tela vibra.
                você lembra o que
disse na hora? você gritou? doeu?
você lembra do que aconteceu?
— a curva, a chuva, um clarão.

(depois ela acabou,
foi embora para o sul)

você lembra o que disse na hora
em que o carro deslizou?
três horas na chuva esperando,
a curva, o estrondo — você lembra?
você entre as ferragens
perguntando o que houve.

(mas isso é um acidente
e é sobre uma *love story*)

o amor, diz, é *um efeito especial*,
pensa que viu tudo
mas quando acende a luz
os pontos

cegos se espalham:
         uma fossa abissal, uma nuvem
de distância e uma cidade chamada vidro ou
vértice
        volpi ou verdi.

o amor é alguém entrando
na geometria da sua mão.

neste momento atravessa o corredor:
— *não há mais isso entre nós,*
de onde o timbre da sua voz
um efeito-estertor.
(dentro do poema
pode sentir o efeito
e nessa hora todos os porquês
ficam silenciados)

o amor é isso, diz, *não um corvo,*
mas um impermeável vermelho pendurado
na janela vindo de outro poema
para tocar na sua tela.

é você comendo o que sobrou
depois do estrondo.

o amor é este olhar que mancha
a retina na hora da emergência,
um olho cinzento que treme

sempre que muda
de hemisfério

"é difícil olhar as coisas
diretamente.",
elas são muito luminosas
ou muito escuras

2/3 deste país são feitos de água
e sempre que se vira, um
afogamento.
   apenas um mergulho
dizia a imagem. *vamos ver o deserto,
andar pelo centro do mundo?*

mas isso é um dicionário
e é sobre uma *love story*.

[*love story*, de a-z]

a curva, a chuva, um clarão
a curva, o estrondo — você lembra
a retina na hora da emergência
a tela vibra
afogamento
andar pelo
apenas um mergulho
cegos se espalham
de distância
de hemisfério

de onde o timbre
dentro do poema
depois
depois ela acabou
diretamente
disse na hora?
dizia a imagem
dois terços desse país
e é sobre uma *love story*
e é sobre uma *love story*
e nessa hora todos os porquês
e sempre que se vira
é difícil olhar as coisas
é você comendo
em que o carro
ficam silenciados
foi embora
luminosas
mas isso é um acidente
mas isso é um dicionário
mas quando acende a luz
mas um impermeável
na geometria
na janela
não há mais
não um corvo
neste momento
o amor é um efeito especial
o amor é alguém entrando
o amor é este olhar que mancha

o amor é isso
os pontos
ou
para tocar na sua tela
pensa que viu tudo
perguntando
pode sentir
primeiro
sempre que muda
três horas na chuva
um dedo pousa
um efeito-estertor
um olho cinzento
uma fossa abissal
uma nuvem
vértice
você entre as ferragens
você lembra
você lembra o que
você lembra o que disse na hora
volpi ou verdi

estereofonia

nunca falei tão sério, disse e olhei
pra cima: seu rosto no meio das gotas,
o guarda-chuva preto como uma moldura redonda
e você parado, cantando, virado para o vidro
do carro, sem ouvir mais nada
só a voz
        cantando no meio da chuva
e o eco no vidro do carro.

essa poderia ser a descrição
completa, *mas o caminho mais rápido
de um ponto a outro*, ele respondeu,
e eu olhei pra cima:
nunca falei tão sério,
disse e, no meio da chuva,
a cena se repete.

podia ter ido embora na hora,
os cílios partidos e aquela voz
cantando — *mas o caminho mais rápido*,
ele diz, e eu olho pra cima de novo
e lembro da cor malva
e dele dizendo que é *quase
malva*, tem um pingo que torna tudo
malva, mas a única cor que lembro

era o nublado daquele dia,
a única cor era o
chumbo daquela vez:

eu olhei pra cima e você ia embora
pelas escadas. no último degrau
não se vira mais.

— esse poema contém doze passos, ele diz,
e eu saio contando a distância
enquanto caminho dizendo o poema de cor,
mas daquele dia só me lembro
da cor de chumbo e a voz
em eco no vidro do carro.

olho para cima outra vez
e vejo sempre o mesmo
guarda-chuva preto, moldura para
descongelar cada um dos degraus,
para descongelar a ordem
do verso seguinte:
panorâmica, golpe e caixa-preta.

— você vai sempre pelo som?
— que som?

em loop, a fala do soldado

vivo numa caixa preta
de vinte centímetros.
vejo o mundo por um visor,
no meio uma cruz
para mirar as coisas
prédios   estradas   objetos   cachorros.

tudo que passa pelo quadro
vira alvo, então penso em algo
linear: você já reparou que algumas imagens
se repetem? de repente,
um cisco no olho.
"eu vivo numa caixa preta",
disse. estamos sentados
lado a lado no trem
— em silêncio — os dois de calça verde
e camisa branca.
                    sei que não está tudo bem,
levanto o olhar tentando alcançar
o dele e ouço apenas a voz
de frente para o alvo.
vivo numa caixa preta, diz,
e eu não sei como parar
a repetição.

antes do encontro

procurar uma escada de madeira
dando para o abismo
é uma ação que só pode acontecer nesta língua
estranha e em uma cidade cortada por um rio
que fique no meio dos dois
(quando um precisa ir embora
para sempre)

mas um dia ela chega
com a pergunta:
    — *o que vem à sua cabeça*
quando digo a palavra
amor?

um dia desce no meio do dia
e vê. e um dia vê a peça lilás sobre a quina da mesa
quando volta. ele diz saltar. saltar para fora.
e atravessa na esquina
procurando a escada. depois diz que quer saltar
para fora desta canção.

  mas um dia chega com
a pergunta:
    — *o que vem à sua cabeça quando*
digo a palavra amor?

e ela responde
que *amor* em japonês
se diz /ai/.

e, de repente, um branco.
as linhas se tornam cada vez mais
quebradiças. um banco parado no meio da cena,
um quadrado iluminado e a frase mais longa
que ele me disse nos últimos
seis meses.

o que significa um cachecol vermelho
pinicando sozinho?
uma abelha, pensa, mas o cachecol pinicando,
voando como uma abelha, talvez um inseto
estridente, incidente para ouvir quando ele
chegar e vir.

      agora sobrou apenas a estática
tremendo e você a leva de volta até o barco:
— *a estática?*, pergunta, *você lembra
daquela vez?* e ela fica parada na chuva
com o colete salva-vidas esperando
alguma coisa acontecer.

[aqui o telefone
vibra na bolsa e um parêntese
para dizer que *não sabe onde está mas é longe
não sabe onde está mas é frio
não sabe onde está mas é quase.*

ao ouvir a voz,
parece de verdade,
e então ele levanta e me diz algo
sobre o *fim*
          ou sobre o *sim*
e toca na tela uma imagem
do filme]

bzzz

estar ali era como um ninho
de abelhas.
           — uma *colmeia*? você quis dizer
colmeia ou só queria dar a impressão
de perigo?

não sei, olhava as fotos
em silêncio e talvez nesse
momento ele tenha passado bem perto,
talvez tenha sido
só uma sombra na hora em que virei.
será que uma linha de sombra
bastaria para a gente se reconhecer?

[*lembra aquela vez em que você*
parou um poema no meio
para me contar de uma cidade
sem sombras?]

devia ser aquele lugar:
a *luz* naquele lugar
a *luz* de antes que se repete agora
dando a impressão de mapas
sobrepostos. quando chego aqui, demoro para saber

o que acontece.
— *você já sabe o que fazer agora?*

às vezes ouço o mesmo ruído ao redor
como um ninho de abelhas
um *bzzz* em cima da ponte
e uma sombra escapando
mas não era perigo,
era só um barulho na hora de ouvir
o que mais importava.

noite americana

noite 1

no momento de maior intimidade,
ficaram a 1 cm de distância
um do outro.

então me afasto e
vejo a cena em câmera
lenta: ali os dois não
se olham.
    está escuro   *e eles atravessam o espaço.*

o ombro dela quase raspa
o braço dele,
                  os dedos dele
um pouco acima da mão dela.
os olhos fixos no chão
e a respiração em
compasso.
— *por quanto tempo você aguentaria ficar debaixo*
d'água?
                      é o que ela parece dizer.
em vez disso, olha o mínimo relógio de pulso
e sabe que seis horas depois já estará
do outro lado.

noite 2

está chovendo
e quando o farol acende
o verde brilha no escuro.

— claro. escuro. claro. escuro.

(*quando você descreve*
tenho a impressão de sentir o que
acontece)

um trem parte para um ano
específico no futuro. dizem que lá as coisas
não mudam.
    está escuro   *e eles atravessam o tempo.*

me interesso por um único viajante
no trem. ele busca uma noite específica
e, de longe, parece
em repouso invernal.

quando a viagem chega ao fim,
ele decide voltar atrás:
— *quando me perguntam*
por que voltei,
       diz ele,
            nunca dou a mesma resposta.

noite 3

a câmera agora
mostra a terra do alto.

de cima,
o planeta azul e úmido
tem uma única mancha cor
de ferrugem
que fica perto do pacífico.

neste ponto de umidade zero
o ar é tão fino
e tão limpo,
tão frio
e tão seco
que se pode ver com nitidez
a luz dos objetos celestes
vinda do passado.
    no escuro   a luz atravessa o tempo e o espaço

e vem dar aqui
neste ponto.

em geral, ela se mostra à noite
como as lembranças
em *pause*.

PAUSA

tem país na paisagem?
(versão compacta)

1.

aqui só tenho uma regra:
todos os dias às 10h
tiro uma foto da ponte.
o resto é livre e gira
em torno da pergunta:
como ver o tempo
passar neste lugar?
penso no *infra-*
-ordinário do georges perec
e todos os dias
vou até a ponte
e tiro uma foto
que possa me dizer
alguma coisa
sobre *estar aqui.*
a ponte tem três arcos.
a água do rio é verde.
atravesso a ponte com 124 passos.
quando um barco passa,
uma onda se forma.
escrevo a partir das fotos e
depois apago as fotos.
(você poderia imaginar uma foto

do primeiro dia?
isso aqui é uma
expedição)

2.

antes de chegar,
ela me disse que o quarto era iluminado.
"é difícil olhar as coisas
diretamente", penso.
são muito luminosas ou muito
escuras.
no teto tem uma claraboia
e todos os dias às 10h
pergunto:
como ver este instante
passando? sempre tinha tentado
pular as etapas da vida
e apagar o *entre*.
como atravessar os meses neste lugar
e *ver* o que acontece?
a fotografia divide futuro
e passado — seria possível ver o que
está no *meio*?

3.

"um mês depois
ainda pareço um zumbi",

ela me diz e estamos no dia
7 de fevereiro.
chego na ponte às 10h para
a foto diária e tem
um caminhão em cima
da faixa de pedestre.
espero alguns segundos
até ele andar
e aperto o clique.
volto para casa com pressa
e leio o aviso na porta
de entrada.
há um mês colocaram
este aviso ali e o país
entrou em estado de alerta.

todos os dias agora
um novo vocabulário se espalha.
todos os dias tento entender
o que as pessoas dizem
seria [*terrorismo*] ou [*terremoto*]?
todos os dias agora
uma linha de sombra
por onde passo e aquela
poeira cinza
e colante.

4.

procuro a foto da ponte
feita um mês antes.
seria possível ver
algum indício do que aconteceu?
procuro a foto do dia seguinte:
um caminhão e quatro pessoas.
tento ver alguma mudança
de um dia para
o outro.

olho agora para este texto que digito.
como ver alguma coisa *aqui*?
tento me fixar no desenho das letras,
na tinta impressa sobre
o papel do livro.
a data 13 de novembro é a data
13 de novembro e na quarta vez
que repito 13 de novembro
eu vejo esta
data.

5.

por fim, vou até ela:
hoje é dia 13 de novembro
e saio de casa às 9h55.
quando chego ao rio,

sinto um vento nas costas
e lembro do fantasma que ronda a ponte.
ela era casada com um homem
que estava na guerra
e teve um amante que lutava
pelo país inimigo.
contam que, em uma noite de inverno,
uma noite fria e escura,
ela ficou na ponte esperando o amante
durante muitas horas
e ele não veio.
ela morreu congelada
ou caiu no rio.

olho para a esquina
em busca do espectro dela.
olho ao redor e a ponte tem três arcos.
a água do rio é verde.
atravesso a ponte com 124 passos.
quando um barco passa,
uma onda se forma.
ouço o barulho da onda
e o do barco.

agora me sento no parapeito da ponte
e olho para o outro lado do rio.
tem país na paisagem?,
pergunto,
e, enquanto isso, ao longe,
o *fantasma* vai indo embora

no meio dos carros,
ela caminha
em plena luz do dia
e some.

2.

plano b

hola, spleen, disse. nos cruzamos
no fundo do mar. você sentado no banco de trás
olhando pelo vidro azul-cobalto
a 3 mil quilômetros do ponto em
que eu o deixara.
                hola, spleen, disse. uma linha esconde
outra linha, a voz esconde o que
existe entre os dois. pensava na carta sem remetente,
pensava em alguma maneira de dizer, pensava nas
esculturas sonoras (não havia
um plano c? para onde
seguia)

era como descobrir o sulco
fechado de um disco e ficar
rodando no *loop* daquela melodia
circular. preciso de uma língua
que defina isso.

hola, spleen, disse,
mas não falava da latitude
no mapa, eram peixes
no fundo do oceano com a cartilagem
luminosa derretendo nos olhos
e a única preocupação quando

entrou ali era o som por detrás da voz dela:
saber se está triste há um ano
ou há 24 horas.

(na volta, passa a colecionar
os objetos. a vingança começa num
aquário:
*é como furar a realidade
com a realidade*, ele dizia, ficar no quarto
medindo o nível do mar
para descobrir onde pôr
os peixes)

capítulo II, por intermédio do naturalista

no portão, esperando a hora do embarque,
percebo que esqueci de devolver
a sua chave:
      esqueci de devolver a sua
chave, digo, e você responde, *pode ficar.*

saio com a chave no bolso do casaco
e a resposta repetindo
na cabeça.
      mas o segundo capítulo começa
com um avião cruzando o céu
de madrugada — o brilho da
asa no escuro — chegar do outro lado
e ver as luzes piscando:

talvez se o portão se deformasse
em paralaxe / uma frase passaria por ele.
ao chegar me acompanha
o ruído dos frascos na bolsa.
a vida é repetição: só sei o que responder tarde demais.
quando saio de casa, na primeira manhã,
sinto a chave dele no bolso.

***

quase todos os dias
charles darwin se sentava
no banquinho de jardim
em frente ao pomar de tomateiros.

quase todos os dias, charles
darwin ficava durante algumas horas
tocando trombone para estimular o crescimento
dos tomates.
                        talvez se o portão se
deformasse não precisaria mais
da chave.
                        sempre me lembro do ruído
da primeira noite e do que você disse
depois de tudo:

agora não importa
mas alguma coisa que aconteceu aqui
não existe mais
                e nem sequer brilha
pela sua ausência.

um quadrado que cega

aqui a luz faz o contrário de
iluminar: é como
a desorientação ou a serendipia. *blind
light*, um quadrado que
cega.
     a pergunta certa podia ser:
*o que você está fazendo enviando postais
de tão longe?* mas emudecia,
congelava quando as coisas
ficavam assim.

o último jantar era silencioso,
só conseguia pensar em uma escala
que planificasse o esférico.
o mundo já não seria redondo
mas uma superfície plana
cheia de buracos.
deste ponto de vista,
o verde não seria mais verde.
precisa agora de
24 dimensões para caber e, então,
ela entra em cena

silêncio.

aqui a luz faz o contrário de
iluminar. — você já disse isso,
ele murmura e me encara.
mais uma vez aparecem o 2 e o 4:
primeiro para somar 48.
depois as placas riscam o ar e se repetem
a cada esquina. 2. 4. 2. 4.
não sabe dizer que lugar é esse,
mas segue colecionando os objetos.

se o portão se deformasse,
talvez pudesse ser direta, pensa.
se procurar as palavras-
-chave encontrará
números, mas também
seres marinhos, cílios, quilômetro, retina e
eletricidade. 2. 4. 2. 4.

o que eu penso ao lembrar
de você é um buraco.
                      só um buraco.
um buraco cegando tudo.
diante do buraco, as hélices desenham a
cena em pleno ar:
                  imagina
que desce durante o giro, o corpo em
câmera lenta caindo.

descreva: longilínea

de lá, ele diz que um cataclismo é algo
que pode ser estendido
indefinidamente. e de repente
estou num lugar
que se escreve
com s.

escreva isso, descreva,
ele diz e eu só penso
em como dobrar a
esquina sem cair,
         em como seguir pela beira
num lugar sem parede, num lugar em que
a pergunta certa deveria ser:
você tem tempo?

tomar o avião à noite
numa cidade em que *noite*
significa apenas
noite.
e depois?
descreva   *escuro*, ele diz.
nessa língua tudo poderia
ser escuro ou vacilar.
dias dias dias,

um depois do outro e você tem sempre que
recomeçar. naquele dia, acordei
com o som dos helicópteros
e li uma frase:
há um ano ela olhava o mar desta janela
aqui os sons da fala
se intercalam com
os helicópteros
(mas ele não diz nada,
só escreve:
descreva isso agora).

descreva: parede

queria falar da parede
neste lugar.
descreva, ele diz,
escreva sobre como foi
chegar ali —
                mas antes de chegar tinha o *cimento*
e o *cinzento* da lataria do avião.
não posso entrar nesta máquina que
parece trem de carga e que lembra
a guerra.

o pior de estar no alto é ver os reflexos
luminosos no aço
"acabamos de atravessar
10 mil pés de altura",
ouve o piloto dizer e não sabe
quais são os sinais.
chegamos à metade do caminho
e talvez já possa parar de
respirar, pensa.
eles jogam sal na rua
ouve a senhora ao lado dizer
para andar sobre a neve

dirigir é sempre perigoso
por causa dos bichos que atravessam correndo
que atravessam os anos que vão passando
que atravessam esse estado de sítio

              descreva, ele diz,
escreva o que aconteceu
com a gente.

— já reparou que as cidades são velhas
ou futuristas?
estou no 20º andar de um prédio
que dá para uma antena.
quando cheguei, pensei que fosse um ano
no futuro com tantos arranha-céus
prateados jogando luzes por todo
canto, mas a cidade é baixa por causa
dos terremotos, é cheia de ruínas
e construções de pedra vermelha,
todas as paredes de um tom
avermelhado, vermelho-escuro
e fechado.
— você quis dizer "tijolos"?
ele pergunta quando
tento explicar o que são
paredes vermelhas determinando
o fechamento
              — não são tijolos,
são pedras de origem vulcânica.
tezontle.

de cima

saio outra vez nesta
direção:
      é escuro, de madrugada, e estão em alta
velocidade no meio dos faróis.

bem-vindo a este mapa
embora ele não traga
um acesso a
algo real.
      como uma
superfície recoberta de cores
e uma faixa de movimento
atravessando o
oceano.

não sei realmente
a direção dos peixes no aquário, ele dizia
que ninguém consegue prever o fim
mas falava de um radar ou algo
com ondas específicas, parecido com o dia
em que ouviu o som da voz dela.
era como o apego pela caixa de cartões
perfurados guardada sob a cama
ou ver tudo em 3D ao sair do

táxi e seguir o movimento
em *slow motion.*

agora move as nadadeiras
azuis, o cabelo escorrido pelo ombro,
e lembra do dia em que subiram pelo túnel.
lá no alto, um lago de peixes coloridos.
teria dançado com ela
e seriam iguais os dias,
teriam dançado no escuro
de madrugada enquanto a voz
pelo alto-falante seria apenas
uma frequência de ondas
sem definir nenhum
som.

terremoto

um terremoto replicando
por vários dias,
à noite as luzes de néon paradas
e, na manhã seguinte,
a tremedeira outra vez.
você pensa que o futuro
ainda não chegou, mas
de repente o terremoto
replicando faz tremer a língua
os dentes e tudo o que é
matéria.

por mais que use as palmas
para cobrir os ouvidos,
a *ternura* — o que você quer dizer? —
aliás, a *tremura* chega
arrastando tudo.
era como um país virando mar
um terremoto replicando
sem parar. se as réplicas consistem
em tremedeiras, e se uma língua é desenhada
fora das linhas,
como conciliar o
inconciliável?, pergunto
no momento de maior

desligamento e
ele responde:
— agora o seu *wasabi*
tem radioatividade.
essa cor brilhante,
de um verde quase prata,
era como a luz batendo no mar
bem na hora em que o chão —
e tudo recomeça.

quero pedir
silêncio, mas não sei lidar
com o imponderável.
um dia acordo
e não espero
mais resposta.

diferenças

*a realidade é o que não
desaparece quando
deixamos de acreditar nela,*
você dizia com os dedos abertos
tentando afastar aquela névoa dos
olhos.
      ali podia quase tocar o real,
mas no fim não entendia o
que ele tentava dizer. seguiam
pelo rio tentando deixar
a linha de sombra do outro lado.
até hoje ao passar ali lembro do esforço
naquele dia para perceber o que estava
errado.

ele escrevia para contar que lá
tinham um *templo dedicado aos gatos*,
para contar que ela chorava
todas as tardes no mesmo horário,
para contar que largaria tudo
e cruzaria o oceano.

talvez essa já seja a terceira vez que
ele aparece. só lembro que antes
de ir embora,

parecia um espectro
no meio da poeira.
olhou para fora
e disse   *conheci alguém.*
então, 24 chamadas
perdidas de propósito
e o bilhete
debaixo da porta:

diga alguma coisa pelo menos
diga que o avião não caiu
que não queimaram os carros
e que ainda existe um bulevar periférico ao redor
da sua casa.

a realidade é o que não
desaparece depois de tudo, penso,
mas esta cidade não é real:
o rio fica na parte alta —
como faz para não escorrer
sobre o asfalto?

aqui começa o loop

para ver no escuro,
uma mulher injetou nos olhos
um colírio feito da mesma substância
que existe nos olhos dos peixes
que moram no fundo do mar.

no dia 1,
ela disse:
"aqui começa o loop"
e aquele era o começo.
ficava no escuro   sublinhando as palavras
em vermelho
e recortando os começos.
o primeiro era este:
"aqui começa o loop"

no dia 2,
veio à casa uma jovem.
olhou as geringonças no escuro
e disse: *noite americana.*
eu perguntei: o quê?
"eu tinha quatro anos
e a guerra tinha acabado de começar"

no dia 3,
estou sentada num trem
e penso: *como se começa uma conversa
com alguém?*
estava nisso quando ele disse
de qual terminal sai o seu voo?
e eu perguntei: o quê?

no dia 4,
leio:
"o estômago dos polvos   é assombroso"
esse era um dos começos
e eu me lembro do fundo do mar.
você sabia que as baleias
se comunicam por
ultrassons?
— mas e os olhos? você lembra
dos olhos das baleias?
voltemos, por favor,   agora
voltemos lentamente
para o começo:

*para ver no escuro
uma mulher injetou nos olhos
um colírio feito da mesma substância
que existe nos olhos dos peixes que moram
no fundo do mar.*

aqui já passamos da metade
e estamos

quase no fim.
os dedos seguem as teclas no mesmo ritmo
mecânico, seguem o fio
sem voltar atrás:

um dia,
ele me diz:
"coisas acontecem depois"
e era uma espécie de deixa.
você pensa que é como
o *fim da linha*, como chegar atrasado
sem saber o que fazer para consertar
o engano.
          alguma coisa acontecerá depois,
mas por enquanto
sabe que acabou.
precisa fazer as malas, cruzar
o mapa para voltar.
precisa se lembrar das regras:
não pular as etapas e seguir os fatos
numa sequência ordenada.

no último dia,
lê as instruções em voz
alta:
        "o som só pode existir se ele ressoa
com um certo corpo".
você morde a cabeça do violão com força:
os dentes na madeira
ressoam e o corpo

é continuação do som,
a caixa craniana vibra
com o movimento
e chega-se ao fim
pelo contato.

EPÍLOGO

estrelas descem à terra
(do que falamos quando falamos de uma hélice)

1.

queria terminar falando de uma hélice
que eu vi na semana passada

era uma hélice grande demais
para o tamanho do avião   e eu nunca
tinha visto na vida um avião de hélice

uma hélice serve para *deslocar*
mas uma hélice pode *paralisar*

quando vi a hélice na semana passada
eu pensei nas nuvens de verdade
e num poema do carlos drummond de andrade
depois   pensei no fundo do mar
e nas hélices dos navios
como a hélice do *titanic*

naquele dia eu estava indo
para um festival em juiz de fora
e eu ia ler um poema chamado
"malaysia airlines"

ao chegar na pista do aeroporto
vi a hélice e   na mesma hora   pensei:
"não posso entrar nesse avião"
eu congelei e não podia mais
me deslocar

eu queria falar aqui do que falamos
quando falamos de uma hélice
uma hélice serve para *deslocar*
e eu queria essa hélice em movimento
cruzando o céu e levando a gente
para a frente
mas nem sempre
a gente pode sair do lugar
então começo com um trecho do poema
que eu ia apresentar em juiz de fora
chamado "malaysia airlines"

2.

"no dia 16 de julho de 2014,
um boeing 777 da malaysia airlines
saiu de amsterdam para kuala lumpur
com 298 pessoas a bordo.

ele estava em voo cruzeiro
quando caiu na vila de grabovo
no leste da ucrânia.

um avião em voo cruzeiro
não está subindo nem descendo.

os enormes pedaços do boeing 777
da malaysia airlines
se espalharam por um campo de trigo.

o leste da ucrânia estava sob controle
de separatistas pró-rússia e desde março
o espaço aéreo sobre a ucrânia estava fechado.
não se podia voar abaixo de certa altura.

suspeita-se que o boeing 777
tenha sido abatido por um míssil
quando atravessava em voo cruzeiro
o espaço aéreo ucraniano.

um morador da região disse
que os corpos caíram do céu
após a explosão do avião.
a chanceler da alemanha disse
que era necessário um cessar-fogo
no leste da ucrânia."

***

esse era o começo do poema
que eu ia apresentar em juiz de fora
mas na hora em que vi a hélice do avião
na pista do aeroporto viracopos

lembrei do final do poema
que dizia assim:

"um dos comissários do voo MH17
só estava trabalhando naquele dia
porque tinha trocado de voo com um colega.
a esposa deste comissário
— também comissária da malaysia airlines —
tinha feito uma troca parecida
alguns meses antes e tinha folgado
num dia em que deveria estar voando
no voo MH370, desaparecido no oceano índico.

no momento da queda do voo MH17,
um avião levava o presidente putin
do brasil para a rússia.

a aeronave presidencial
fez uma rota semelhante
à do voo da malaysia airlines
e as duas aeronaves cruzaram
o mesmo ponto e o mesmo corredor
com menos de uma hora
de diferença."

3.

quando vi a hélice
na semana passada

me lembrei de uma pergunta
que um amigo tinha me feito
na véspera da viagem

ele se referia a um poema em que eu contava
que não tinha conseguido embarcar num voo
porque meu passaporte estava quase vencido

ele fez a seguinte pergunta:
será que eu não estaria falando na verdade
sobre a *impossibilidade* de deslocar?

ao escrever   eu estava sempre preocupada
com o *deslocamento*
tentava pensar nele não só como tema
mas como procedimento

ao escrever   é possível pensar
em termos *geográficos*:
a gente constrói uma cartografia
e   pouco a pouco   vai desenhando e
descrevendo   linhas
formas   curvas   montanhas   acidentes
caminhos e superfícies

então   lembrei que outro amigo
ao revisar a prova do meu livro *um teste de resistores*
me escreveu para dizer que tinha contado
48 vezes a palavra "deslocamento"

— *você não deveria falar tanto em se deslocar*
ele disse
        mas *fazer*

em seguida
cortei a maior parte das ocorrências
da palavra "deslocamento"
mas a pergunta dele estava feita:
o que era de fato
deslocar
na linguagem?
será que eu estava deslocando
ou só *falando* em deslocar?
será que eu estava paralisada
como no dia da hélice
só repetindo sem parar
a necessidade de deslocar?

neste momento que vivemos
de espaços abertos e infinitos
em que o mundo está cheio de linhas cruzadas
e cabos submarinos que se deslocam
        e ondas que atravessam
dos pontos mais distantes —
além dos raios   muitos raios coloridos
transparentes e invisíveis
e dados sendo transmitidos   com sons
e imagens
        e a poeira se dispersando por todo
canto   uma poeira cinza e colante

— nesse momento de superfícies abertas
como lidar com a impossibilidade
de sair do lugar?

seria mesmo o mundo
plano?   ou em vez disso
uma superfície acidentada
cheia de barreiras
muros   comportas   fronteiras
e linhas demarcadas   que podem conter
o fluxo?

4.

na semana passada
eu ia para um festival em juiz de fora
e tinha de me deslocar:
no aeroporto de congonhas
eu tomaria um ônibus rosa
da empresa azul
para ir até o aeroporto de campinas
em campinas eu tomaria um avião
para o aeroporto zona da mata
que fica a uma hora de juiz de fora

antes de sair de casa   olhei no mapa
para ver onde tomar o ônibus em são paulo
cheguei lá em cima da hora
e o ônibus estava vazio
depois de dez minutos   nada

fui ao guichê da empresa
dentro do aeroporto
e descobri que o lugar onde eu estava
não era o *ponto de ônibus*
e   sim   o *estacionamento de ônibus*
e que o ônibus que eu ia pegar já tinha saído

disse para o funcionário da empresa
que o mapa do site estava errado
pois dizia que ali onde eu estava
era o *ponto de ônibus*
o funcionário abriu o mapa no site
e me mostrou que não tinha nada errado
eu me enganara ao ler o mapa
o ponto ficava no lugar oposto
ao que eu tinha imaginado

ele me disse
que eu estava achando
que o leste era o oeste — ou o norte era o sul
já não fazia diferença   eu tinha perdido o ônibus
porque não soube ler o mapa
se fosse esperar o seguinte   não chegaria a tempo
de pegar o avião

mas naquele momento
eu ainda não sabia que o avião tinha hélice

5.

quando vi a hélice
na semana passada
lembrei de um poema
do drummond chamado
"a morte no avião"

quando vi a hélice
me lembrei da hélice do drummond
furando as nuvens   e "caindo na vertical"

eu queria falar   sobre *movimento e ação:*
queria pensar em como o deslocamento
da linguagem   caso da colagem e da citação
poderia nos levar a ver as coisas de forma diferente

eu queria falar aqui   sobre *movimento*
mas só consigo pensar na hélice que paralisa

talvez ao furar as nuvens
a hélice do drummond possa trazer
numa só imagem *deslocamento*
e *paralisia*

para julio cortazar
você me disse
o happening é um furo
no presente   mas eu queria contar
de um sonho recorrente

que era assim:
eu estava voando numa
máquina voadora
e   de repente   ela caía
como no poema do drummond

despencava do alto
furando as nuvens
na vertical
ao chegar no chão
ela sempre caía no mesmo lugar
em cima de umas árvores
e eu pensava que   se ela continuasse caindo
sempre no mesmo lugar
a cada sonho   era capaz de alguma hora
furar o chão
e provocar uma catástrofe

6.

o poema "malaysia airlines voo MH17"
tinha sido escrito a partir de notícias
tiradas do site G1
assim   recortei o texto do site/ inseri quebras de verso
excluí informações
trocando algumas coisas de lugar

durante o processo   tentava entender o acidente
a partir do tom frio das notícias

além de entender factualmente
também queria ver algo que   para mim
não estava claro
queria olhar de outro lugar
mudar o foco

seria possível deslocar as palavras
de modo a produzir alguma coisa
que eu não estava vendo?
diferente do que aparecia
no jornal?

eu tentava reaprender a ver:
recortar e colar   selecionar
uma palavra para colar em outro ponto
como numa ilha de edição

ao escrever o poema
tentava repetir os gestos que fazemos
ao escrever nas várias telas hoje:
deslocar com a mão

como disse o montaigne
é preciso pensar com as mãos
manejar as coisas   experimentar
como fazia o montaigne
é preciso justapor
e eu fiquei tentando escrever um poema
com a mão   e eu fiquei tentando pensar
no que vai acontecer

com esses deslocamentos   de agora
entre tantas telas

7.

lendo um livro da silvina rodrigues lopes
anotei uma citação que dizia o seguinte:

"para a poesia continuar
é preciso construir *falas-aventuras*
que abram caminho através do desconhecido"

e eu fiquei me perguntando
ó venturoso rei
o que seria exatamente uma *fala-aventura?*
mas   depois   fui procurar o texto dela
para tentar entender
e não achei

um dia fui falar este texto que vocês estão lendo
em um evento chamado
poesia e ação
depois   fui falar este mesmo texto
em um evento chamado
cinema-ao-vivo
e depois em outro evento chamado
em obras

e eu não sabia como desenvolver a *tópica* da aventura

esqueci de dizer   que quando apresento
este texto ao vivo   vou projetando
várias imagens enquanto leio
então
vocês podem pensar na imagem que quiserem
enquanto prosseguimos
mais ou menos assim:
cada pedaço de texto como este
deve ter uma ou mais imagens
correspondentes

esta parte 7 por exemplo
ficaria bem com a sherazade
ó venturoso rei   como seguir o fio da história?

para o acidente
da malaysia airlines
basta digitar no google o número do voo
e pegar alguma imagem
como a que vi   de um relógio fotografado em *zoom*
caído num campo de trigo na ucrânia
mostrando o horário
da queda

de todo modo
depois dessas apresentações
encontrei enfim o texto da silvina rodrigues lopes
e voltarei a ele na parte 14

8.

quando enviei o poema da malaysia airlines
para uma revista que tinha me encomendado
um texto   não consegui chamá-lo de "poema"
expliquei aos editores que era
uma "aventura"
o tema da revista era o *amor fati*
amor que se tem ao fado   ao destino
e a pergunta que eu queria fazer sobre o acidente era:

como aceitar na vida o imponderável?

eu tinha tentado usar
a frieza da linguagem jornalística
mas minha vontade era tentar ver
a dimensão trágica de tudo
seria possível deslocar o texto
de modo a produzir   outro sentido para as coisas?

de um jeito ou de outro
eu estava tentando explicar e justificar
o que estava fazendo
sentia um desconforto duplo:
um pouco pelo texto   um pouco pela expectativa
que temos do que é um poema

afinal
do que falamos quando falamos de poesia?
ela me perguntou
e eu paralisei

9.

apresentei este texto pela primeira vez
em 2014   depois que terminei a leitura
uma pessoa levantou da plateia   e veio me fazer
uma pergunta

ele foi até o microfone
que ficava em frente ao palco
e perguntou:
qual é o seu nome?
e eu disse
marília
e ele disse como?
e eu repeti
e ele falou
maria
e eu disse
é marília
e ele falou marina
e eu disse marília
e nisso   as pessoas da plateia
já estavam sentindo um certo mal-estar
e começaram a repetir meu nome para ele
eu fiquei muito tempo depois lembrando desse dia
e pensando no que aconteceu
mas   voltando à pergunta
mesmo sem poder se dirigir a mim pelo nome
ele seguiu no microfone
e falou:

"você disse que quando vê uma hélice
sente medo
eu queria saber o que você sente
quando vê uma turbina"

eu olhei para ele   e fiquei sem ar
eu pensei na hélice do drummond   e paralisei

depois me contaram
que aquele era o ernesto neto   um artista plástico
do rio que gosta de pendurar bolas de chumbo
em tules de lycra

na hora   olhei para ele
e só pude dizer:
"estou paralisada com a pergunta"
é que eu fico paralisada às vezes
com algumas perguntas   mas preciso abrir
a *escuta* para ouvir

na saída
encontrei a veronica stigger
e ela me disse:
mas a turbina é uma hélice coberta

e eu fiquei me perguntando
se não ver a hélice fazia alguma diferença

10.

em 1912   o artista francês
marcel duchamp foi ao salão de tecnologia aeronáutica
na frança e ficou deslumbrado
quando viu uma hélice   contam que ele chegou no salão
olhou para o objeto   e disse:

"a pintura acabou
quem poderia fazer uma hélice assim com mais perfeição?"

no ano seguinte ele fez o seu
primeiro ready made   *roda de bicicleta*

e eu fiquei imaginando
como deveria ser a *hélice*   que o marcel duchamp
viu no salão de aeronáutica

e então eu mesma fui ao salão de aeronáutica
de paris   que existe até hoje
e passei um dia andando
entre hélices e drones e máquinas voadoras
e   enquanto olhava para os dispositivos de
deslocamento   fiquei tentando imaginar
como seria a hélice do duchamp
teria sido uma hélice como aquelas do salão?
uma hélice natural como a da wikipedia?
ou uma estrutura helicoidal   como a dos dnas?

11.

em 1480   leonardo da vinci
começou a fazer uma série de desenhos
para máquinas voadoras
uma delas era um protótipo de helicóptero
feito de madeira e tela
ele tinha uma hélice que deveria ser impulsionada
por duas pessoas pedalando juntas

os helicópteros não têm hélice
o que gira neles se chama *rotor*
mas a máquina voadora de da vinci
era um *helicóptero de hélice*
e se chamava "la hélice"

os helicópteros ainda levariam séculos
para sair do papel   e só nos anos 1940
alcançariam a estabilidade
com fins militares

de todo modo
o primeiro voo de helicóptero bem-sucedido
ocorreu nos anos 1910   na frança
e foi na mesma época
em que o marcel duchamp
viu aquela outra *hélice*
no salão da aeronáutica

12.

em 2009   eu estava na frança
e minha mãe foi me visitar
meu padrasto comprou a passagem para ela ir
no voo 447 da air france

ele me ligou
para confirmar os dados do voo:
minha mãe sairia do rio de janeiro
no domingo 31 de maio
e chegaria em paris   na segunda-feira 1º de junho

mas eu preferia que ela chegasse
no domingo   e não segunda
para ir ao aeroporto buscá-la
então   perguntei ao meu padrasto
se ele poderia trocar a passagem por outra
que saísse na véspera

meu padrasto trocou a passagem
que tinha comprado pra ela   no voo 447 da air france
por uma passagem pela TAM   saindo do
rio de janeiro na véspera

minha mãe saiu do rio de janeiro   no sábado 30 de maio
e chegou no aeroporto charles de gaulle
no domingo 31 de maio

o voo 447 da air france
saiu do rio de janeiro como previsto
no domingo 31 de maio
e caiu no meio do oceano atlântico
na madrugada do dia 1º de junho

dia 1º de junho   era feriado na frança
e eu não tive compromissos de trabalho
como imaginei que teria   quando pedi
ao meu padrasto para trocar a passagem
da minha mãe

13.

quando enviei para uma revista   o poema
sobre o acidente da malaysia airlines
senti um desconforto
porque havia um desencontro entre o que era o texto
e a ideia que a gente tem   do que é um poema

durante a escrita
tinha tentado justapor as cenas
de *acaso*   e *engano*
me fazendo algumas perguntas:
será que o avião tinha sido mesmo abatido
por *engano*?   como lidar com o
acaso
como nesta história do comissário que decide voar
num dia em que deveria folgar?

seria possível escrever sobre isso?

ao ver a hélice no avião que ia para juiz de fora
não podia deixar de pensar
na explosão do avião da malaysia airlines
e no acidente da air france
do qual minha mãe tinha escapado

dois meses depois de fazer esse poema
dei uma oficina em salvador   e pedi como exercício
um poema feito a partir do recorte
das mesmas notícias tiradas do site do G1

o saulo moreira fez um poema
misturando essas notícias com a morte da carol
prima dele   que tinha sofrido um acidente
de carro na semana anterior:

> *para carol*
>
> *carol caiu na ucrânia perto da fronteira com a rússia*
> *carol ficou sozinha durante quase 17 horas quase 24 horas*
> *numa estrada próxima da casa da minha mãe*
> *minha mãe mora em itapetinga*
> *eu morei em itapetinga durante quase 77700 e 70 horas*
> *quando eu saí de itapetinga aprendi a usar laranja*
> *minha avó descascava laranjas no quintal da casa da*
> *minha mãe*
> *minha mãe mora em itapetinga*
> *minha mãe*

carol amava minha mãe
   carol voava normalmente,
sem registros de problemas, até desaparecer do radar

carol não morava em itapetinga
minha mãe mora em itapetinga

— você pode ligar para tia Telma?
— 32662233

                              carol quebrou
o pescoço
ninguém ouviu o barulho dos ossos
apenas posso dizer uma coisa
infelizmente não posso deixar de reconhecer
que perdi muito tempo
há fatos difíceis de analisar
154 holandeses 43 malaios incluindo tripulantes e 2
crianças 27 australianos 12 indonésios incluindo uma
criança 9 britânicos 4 belgas 3 filipinos 1 canadense e
carol

14.

apresentei este texto uma vez
em guarulhos   cidade ao lado de são paulo
onde fica o maior aeroporto do país

deve ser um dos lugares com mais hélices e turbinas

do continente   essas hélices todas
servem para fazer a gente se deslocar
e esse lugar serve para receber
as pessoas que se deslocam

num momento de tanto
fechamento   a gente se pergunta
se todas essas hélices perderiam a função

mas estou querendo falar de guarulhos
para lembrar que   há cinco anos   eu mesma
cheguei naquele aeroporto para morar
em são paulo   e nessa época nunca tinha visto
um avião de hélice

na memória   tudo acontece num único dia:
ainda de madrugada
o avião fazia um zumbido
ao cruzar o céu entre as cidades

quando ele desceu   e tocou no chão
pensei que minha casa estava num
caminhão de mudanças
na estrada

eu queria falar da hélice quando gira
e produz ação   e eu queria falar do caminhão
se deslocando com a mudança
e eu queria falar do poema
caminhando junto com esse fio invisível

que faz mover as coisas

                e do céu repleto de zepelins
em movimento   e das ondas sonoras
que atravessam o ar

mas tudo o que pude compartilhar
aqui   foi essa imagem da hélice que
paralisa   foi a fronteira fechada   e o ruído
mecânico
que faz a gente *desligar*

buscando diferenciar as *falas-aventuras*
das outras falas
             a silvina rodrigues lopes escreve:

"se aceitarmos que há na vida das pessoas
e na cultura dos povos
aquilo de que não se pode falar
e aceitando que o poemático é uma das manifestações disso
devemos admitir que há uma *fala* que não *fala de*"

eu queria que fosse uma fala que *fala com*

talvez uma fala de aproximação e de encontro

1ª EDIÇÃO [2017] 3 reimpressões

ESTA OBRA FOI COMPOSTA POR ACOMTE EM MERIDIEN E IMPRESSA PELA GRÁFICA BARTIRA EM OFSETE SOBRE PAPEL PÓLEN BOLD DA SUZANO S.A. PARA A EDITORA SCHWARCZ EM SETEMBRO DE 2021

A marca FSC® é a garantia de que a madeira utilizada na fabricação do papel deste livro provém de florestas que foram gerenciadas de maneira ambientalmente correta, socialmente justa e economicamente viável, além de outras fontes de origem controlada.